김영옥과 함께 여는 가정 집단무의식

강박과 집착 치유 · 분석 · 정신치료 워크북

결정 못하고 선택할 수 없는 불안감

글·그림 김영옥

김영옥과 함께 여는 가정 집단무의식

강박과 집착 치유·분석·정신치료 워크북 _ 결정 못하고 선택할 수 없는 불안감

| 강박과 집착 치유·분석·정신치료
- 결정 못하고 선택할 수 없는 불안감
- 견디기 어렵고 내일이 두려운 선택
- 울고 싶은 마음과 끝없이 빼앗기는 에너지
- 우왕좌왕 부산스럽게 잡히지 않는 일
- 강박적으로 잘잘한 일에 대한 집착

| 방법
- 한 페이지씩 보기만 한다
- 좀 더 속도 내서 넘긴다
- 느끼면서 생각 떠 올린다
- 시간 되고 색칠하고 싶을 때 칠한다
- 틀로 잡는다

| 효과
- 전체를 개별화
- 덩어리를 분리, 독립
- 의심하지 않는다
- 가벼워져 속도낸다

| 대중 소통으로 가는 길

노련한 창기법으로
정신치유·정신분석·정신치료로
꿰뚫는 통찰 2025년을 당겨서 산다

대중소통 생활 속에 스며드는
2025년 김영옥과 함께하는 대중소통
정신치료 워크북 실제가 개발 연구되었다

- 자기 마음 낯설음을 어색하지 않도록 가깝게 다가선다
- 점점 보고 느끼다 보면 친숙해져 자신을 치유
- 색칠하다 보면 아픔이 건드려지고 집단무의식으로 마무리 치료 과정은 작품으로 남는다
- 분석 과정은 본부로 연락 취하면 상세히 답변 얻는다.

| 김영옥 원장

- 화가 13회 개인전
- (주)김영옥심리체험박물관 대표
- 사)만다라미술심리연구원 이사장
- 마그마숲 대표
- M심리지원단 대표
- 마그마힐링 심리 프로그램 개발
- 만다라분석심리 이론정립
- 만다라꿈분석 이론 정립
- M분석심리 이론 정립
- M통찰분석 이론 정립
- 포천 몽이마을 조성

마음자리 그림 마당

마그마란 마음자리 그림 마당의 약자로 마음의 응어리를 그림으로 용암같이 녹여내는 심리 치유의 공간이며 세상 만다라 펼침의 공간이다.

| 김영옥과 함께 하는 프로그램/수강정보

· M정신분석 실제 매달 워크샵 년간 진행
· 꿈분석가 배출
· 국민학습지 특강
· 경영지도자과정 : 지사 카페목적
· 마그마힐링&M분석 졸업전시회
· 마그마숲 책쓰기 프로젝트
· 지도자 역량강화 프로그램
· 마그마힐링 & 만다라 워크북 체험
· 전국민 나산다산다 워크숍
· 마그마힐링 지도자자격 과정 : 1급~3급/전국지사
· M분석가 과정 : 1단계~3단계
· M통찰분석가 과정 : 1단계~3단계
· 꿈디자인학교 : 청년/1학기~4학기
· 국민학습지 전국지사 연계 : 서울.경기.충남.대구.울산.포항.영덕 등

| (주)김영옥심리체험박물관

| 전시회 | 워크샵 | 강의 | 개인분석 | 지도자 배출 | 견학 | 연수

결정 못하고 선택할 수 없는 불안감

결정 못하고 선택할 수 없는 불안감 1일째

결정 못하고 선택할 수 없는 불안감

결정 못하고 선택할 수 없는 불안감 2일째

결정 못하고 선택할 수 없는 불안감

결정 못하고 선택할 수 없는 불안감 3일째

18
1 / 1
희망선정0310

결정못하고선택할
수없는불안감:강
박과집착치유:분

9,791,173,300,387

마그마숲
영광도서
김영옥

결정 못하고 선택할 수 없는 불안감

결정 못하고 선택할 수 없는 불안감 4일째

결정 못하고 선택할 수 없는 불안감

결정 못하고 선택할 수 없는 불안감 5일째

결정 못하고 선택할 수 없는 불안감

14

결정 못하고 선택할 수 없는 불안감 6일째

결정 못하고 선택할 수 없는 불안감

결정 못하고 선택할 수 없는 불안감 7일째

17

결정 못하고 선택할 수 없는 불안감

결정 못하고 선택할 수 없는 불안감 8일째

결정 못하고 선택할 수 없는 불안감

결정 못하고 선택할 수 없는 불안감 9일째

신간 워크북

| 강력하고 신선한 우울극복 자살치료 전 5권
| 강력하고 신선한 우울극복 자살치료 2탄 전 5권
| 그림자를 밝히는 만다라 전 5권
| 불면증 치유 워크북 전 5권
| 불면증 치료체험 워크북 2탄 전 5권

| 상가거리 우울한 치유 이야기 전 5권
| 시장 상인들의 행복한 가게 이야기 전 5권
| 반려견 애도 전 5권
| 흥미진진한 길 전 5권
| 영북면 문화 발굴 전 5권

| 멈춤 없는 길 전 5권
| 가벼운 날 전 5권
| 꿈을 여는 시간 전 5권
| 조화로운 몽이세상 전 5권
| 영북시립도서관 전 5권

기념품 판매

민소매·티셔츠·맨투맨·몽이망토담요·후드집업·몽이가방·조끼·셔츠

부정세포 실제탐색 전 5권	가을신화 전 10권	인생 잘사는 길 전 5권	치매예방 전 5권	맛을 뺀 정신 전 5권
축제의 길 전 5권	왕의 길 전 5권	자유롭게 전 5권	치유의 몫 전 5권	가치있는 삶 전 5권
꿈몽이들의 고향 전 5권	내 인생의 월드컵 전 5권	M통찰 2단계 1차 전 2권	몽이들의 빛 전 5권	내 인생의 월드컵 전 5권
경영인 전 11권	꿈 분석가 전 10권	오늘의 마음 날씨 전 5권	해와 달 전 5권	뇌 기능 운동 전 5권
아플 때 쉬어가는 나 전 8권	아플 때 만난 나 전 5권	아름다운 길 전 5권	M통찰 1단계 전 3권	황금빛 용

마그마숲 M심리지원단 전국치유와 희망으로 달린다

김영옥심리체험박물관 제11관, 제12관, 야미리전시관

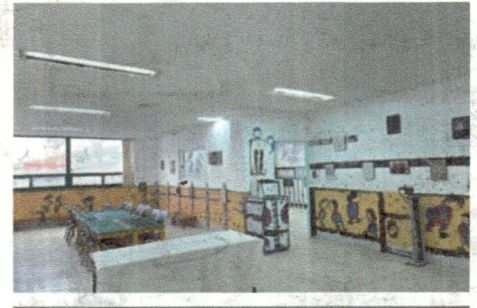

김영옥과 함께 여는 가정 집단무의식

강박과 집착 치유 · 분석 · 정신치료 워크북 – 결정 못하고 선택할 수 없는 불안감

발행일	2025년 1월 8일
지은이	(사) 만다라미술심리연구원
기획·연구	마그마숲, 몽이세상, 마그마숲과 창
펴낸곳	1~2관(인간탐색관) 5~6관(블랙투시관) : 경기도 포천시 영북면 문암길 24
	3~4관(정신탐색관) : 경기도 포천시 신북면 청신로 2084
	7관(생활탐색관)~8관(몸탐색관) : 경기도 포천시 신북면 기지리 101-6
	9관(관계탐색관) : 대구광역시 수성구 동원로 150(만촌동)
	대표 : 031) 533-1707 서울본부 : 02) 736-1706 FAX : 031) 532-1706
이메일	magmasup@naver.com
홈페이지	http://www.magmasup.com (마그마숲)
	http://www.mgmskm.com (국민학습지)
	http://www.magmasup.kr (몽이세상)

- 서울 사)만다라미술심리연구원
- 서울 마그마숲
- 포천 영북면 문암길24 몽이세상
- 포천 신북면 청신로2084
- 주)김영옥심리체험박물관
- M전시관 회원전
- 매달 워크샵 진행

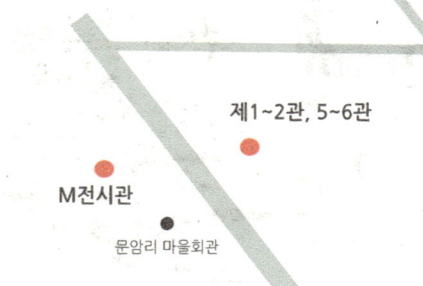

제1~2관 : 포천 영북면 문암길24 몽이세상   제3~4관 : 포천 신북면 청신로 2084

ISBN 979-11-7330-038-7
ISBN 979-11-7330-037-0 (세트)

값 15,000원

이 책을 불법 복제시 저작권법에 따라 처벌 대상이 됩니다.